HISTOIRE & ACTUALITÉ

NEIL ARMSTRONG

Les premiers pas sur la Lune

Par Romain Parmentier
Sous la direction de Romain Prévalet

50MINUTES.fr

NEIL ARMSTRONG

INTRODUCTION

De tout temps, l'homme a contemplé le ciel et notamment la Lune, qui l'a toujours fasciné, au point de rêver d'en fouler le sol un jour. La conquête spatiale du XXe siècle va enfin lui en donner l'occasion. Le 16 juillet 1969, depuis la base américaine de cap Canaveral, la fusée *Saturne V* contenant le vaisseau *Apollo 11* prend son envol. À son bord trois astronautes, dont Neil Armstrong. Destination : la Lune !

Cela fait pratiquement une décennie que les États-Unis se préparent à un tel exploit. Engagés, en pleine guerre froide (1945-1990), dans une course effrénée contre l'URSS, ils ont accumulé du retard dans la conquête spatiale et ont manqué bon nombre de premières en la matière. Néanmoins, les Américains ne se laissent pas abattre, s'étant promis d'arriver les premiers sur la Lune, et ce avant la fin des années soixante. C'est l'honneur de toute une nation qui est en jeu.

Le voyage d'*Apollo 11* vers la Lune se fait sans encombre. Après quatre jours, le vaisseau se met en orbite autour du satellite. La phase finale peut enfin commencer. Rentrant dans le module lunaire avec l'un de ses compagnons, Neil Armstrong amorce la descente vers le sol. Malgré quelques soucis techniques, l'équipage se pose sur la Lune le 20 juillet 1969, à 20 h 17. Après plus de six heures, Neil Armstrong sort du vaisseau le 21 juillet et, en posant le pied sur le sol, devient le premier être humain à marcher sur la Lune. C'est un tournant majeur pour l'histoire de l'humanité.

INFORMATIONS CLÉS

- **Naissance ?** Le 5 août 1930 à Wapakoneta (Ohio)
- **Décès ?** Le 25 août 2012 à Cincinnati (Ohio)
- **Contexte ?** La conquête spatiale
- **But de l'expédition ?** Envoyer des hommes sur la Lune
- **Régions de l'univers explorées ?** L'espace et le sol lunaire
- **Exploit ?** Il est le premier homme à poser le pied sur la Lune et à en ramener des échantillons

BIOGRAPHIE

UN GOÛT PRONONCÉ POUR L'AVIATION ET L'AÉRONAUTIQUE

Neil Armstrong naît le 5 août 1930 à Wapakoneta, dans l'Ohio. Issu d'une famille modeste, il se passionne très vite pour l'aviation, et obtient sa licence de vol le jour de son seizième anniversaire, alors qu'il ne possède pas encore du permis de conduire. Sa famille n'ayant pas les moyens de lui payer des études universitaires, Neil Armstrong accepte une bourse d'études de la *US Navy* en échange d'un temps de service dans l'armée. Il entre ainsi en 1947 à l'université Purdue (Indiana) où il suit des études d'ingénieur aéronautique. Mais, dès le 26 janvier 1949, il doit les interrompre pour effectuer son service militaire dans la marine. Pendant 18 mois, il suit une formation de pilote sur un porte-avions. Il obtient son diplôme en août 1950, peu de temps après le déclenchement de la guerre de Corée (1950-1953). En août 1951, toujours en service, Neil Armstrong est envoyé au front, où il remplit 78 missions aériennes couronnées de succès. L'année suivante, il est enfin autorisé à poursuivre ses études, qu'il termine en 1955.

Le jeune homme entame ensuite une carrière de pilote d'essai sur des avions à réaction. Cette première activité, qu'il poursuit jusqu'en 1962, lui permet de tester des engins de haute performance, mais s'avère également extrêmement dangereuse. Dans le même temps, la course à la conquête de l'espace s'accélère. Après les exploits des premiers astronautes américains, Neil Armstrong décide de poser sa candidature à la NASA en 1962. Retenu pour intégrer le groupe d'astronautes 2, également appelé « New Nine », il est le premier civil américain à devenir astronaute. Par la suite, il participe au programme *Gemini*, visant à maîtriser les vols spatiaux, les sorties extravéhiculaires et les manœuvres orbitales. Le 20 septembre 1965, Neil Armstrong devient le commandant de *Gemini 8*, prélude à la mission qui le rendra célèbre.

COMMANDANT D'*APOLLO 11*

Parallèlement à *Gemini*, la NASA a lancé en 1961 le programme *Apollo* dans le but d'envoyer un homme sur la Lune. Pendant huit ans, les missions se succèdent, rapprochant les Américains de leur objectif. En 1969, tout semble enfin prêt pour atteindre la Lune. Grâce au système de rotation des équipages *d'Apollo*, Neil Armstrong se voit confier le commandement *d'Apollo 11*, mission qui doit envoyer des hommes sur la Lune. Mais ce n'est pas tout : la NASA lui demande également d'être le premier à marcher sur le sol lunaire.

Pendant des mois, Neil Armstrong et ses coéquipiers suivent un entraînement lourd afin de mener à bien leur mission. Enfin, le 16 juillet 1969, l'astronaute prend son envol à bord de la fusée *Saturne V*. Après s'être débarrassé des étages successifs du vaisseau, *Apollo 11* commence son voyage. Au terme de quatre jours de transit, l'équipage atteint la Lune. Le 20 juillet 1969, le module se pose sans difficulté. À 2 h 56 le 21 juillet, Armstrong sort du vaisseau et devient le premier homme à fouler le sol lunaire. Après cette réussite triomphale, les astronautes rejoignent la Terre, où ils deviennent des héros nationaux.

APRÈS LA LUNE

Après le succès de la mission *Apollo 11*, Neil Armstrong décide de ne plus retourner dans l'espace. Il opte pour une carrière d'enseignant au département aérospatial de l'université de Cincinnati jusqu'en 1979. Il fait également partie de plusieurs commissions d'enquête pour la NASA, notamment pour les incidents de la mission *Apollo 13* en 1970 et de la navette spatiale *Challenger* en 1986.

Neil Armstrong s'éteint le 25 août 2012 à l'âge de 82 ans des suites de complications cardiovasculaires. Il reste néanmoins à jamais l'un des plus grands héros de l'histoire.

CONTEXTE POLITIQUE, SOCIAL ET ÉCONOMIQUE

UN MONDE PLONGÉ DANS LA GUERRE FROIDE

En 1945, au lendemain de la Seconde Guerre mondiale, le monde se retrouve à nouveau divisé entre deux superpuissances : les États-Unis et l'URSS. Ces deux pays et leurs alliés respectifs forment deux blocs distincts prônant des idéologies et des modèles économiques antagonistes : les Occidentaux favorisent le libéralisme et l'économie de marché, tandis que les Soviétiques défendent le communisme et l'économie planifiée. Ce contexte international qui marque la seconde moitié du XXe siècle ne mène toutefois pas à un conflit direct entre les États-Unis et l'URSS, mais à une forte rivalité en vue d'affirmer la supériorité de l'un sur l'autre.

Cette période, appelée guerre froide, est donc caractérisée par un état de tension et de dissuasion permanent entre les deux blocs sans toutefois déclencher un conflit armé d'ampleur mondiale – ce qui, à l'heure de la bombe atomique, aurait été catastrophique. Les deux blocs interviennent néanmoins militairement dans des conflits périphériques comme la guerre de Corée, les crises de Berlin (1949 et 1961) ou encore la guerre du Viêt Nam (1959-1975), aggravant inévitablement le climat de tension entre eux. Dans les années soixante, la guerre froide atteint d'ailleurs son apogée avec la crise des missiles de Cuba.

La paix mondiale menacée

La crise des missiles de Cuba (13 septembre-20 novembre 1962) accentue l'opposition Est-Ouest au point de menacer la paix mondiale. Contraire à l'impérialisme américain, Cuba favorise, au début des années soixante, le communisme et se range du côté de l'URSS. Cette politique hostile aux États-Unis atteint son paroxysme en 1962, lorsque Cuba demande à son allié soviétique de la protéger en installant des missiles sur l'île. L'accord de Moscou suscite la crispation du côté américain. En effet, l'installation de ces missiles constitue une véritable menace pour les États-Unis, qui se trouvent à proximité. Alors que des navires soviétiques transportant des missiles sont en route, les Américains, qui ont identifié les sites d'installation à Cuba, organisent un blocus de l'île et mettent en garde l'URSS en la rendant responsable de tout lancement d'engin nucléaire depuis Cuba. La crise se résout toutefois en novembre 1962 lorsque, souhaitant éviter la guerre nucléaire, l'URSS rappelle ses navires. Le 30 juin 1963, les deux blocs décident de privilégier la communication en installant un téléphone rouge entre Washington et Moscou.

La rivalité Est-Ouest se traduit également dans une multitude de domaines allant de la course à l'armement au sport durant les Jeux olympiques, en passant par la culture, la science, la technologie ou encore la propagande. La conquête spatiale et, a fortiori, la course à la Lune font par conséquent l'objet d'une véritable concurrence : il s'agit en effet de montrer au monde quelle puissance est supérieure à l'autre.

LA CONQUÊTE SPATIALE DES SOVIÉTIQUES

La conquête spatiale ne prend véritablement son essor qu'à la fin de la Seconde Guerre mondiale. Au cours de cette période trouble, l'Allemagne nazie a réalisé des progrès considérables en matière d'aéronautique, en inventant le moteur à réaction et les fusées balistiques, dont les terribles missiles *V2*. Ces avancées, bien que liées au domaine militaire, sont le point de départ de la conquête spatiale. En effet, une fois la guerre terminée, bon nombre de scientifiques allemands se rendent aux États-Unis ou dans l'Union soviétique, alimentant la course effrénée que se livrent les deux rivaux.

Il faut néanmoins attendre 1957 pour que les choses sérieuses commencent. Le 4 octobre, à 23 h 26, l'URSS envoie dans l'espace le premier satellite artificiel appelé *Spoutnik 1* (« compagnon de route »). La nouvelle fait l'effet d'une bombe pour les États-Unis, qui se voient devancés par les Russes dans cette quête effrénée vers l'espace. Le *Spoutnik* est pourtant un engin extrêmement simple. Il s'agit d'une sphère d'aluminium de 58 centimètres de diamètre qui dispose de quatre antennes ainsi que d'émetteurs radio et qui pèse environ 83 kilos. La prouesse fascine le monde entier qui, pendant des jours, écoute avec excitation les « bip, bip, bip » renvoyés par le satellite sur les ondes radio.

Depuis ce jour, les Russes ne cessent de développer leurs prouesses, au grand dam des Américains. À peine un mois après le lancement du premier satellite, les Soviétiques lancent *Spoutnik 2* avec à son bord la chienne Laïka, qui devient le premier être vivant à aller dans l'espace. Si elle meurt au cours de la mission, elle prouve au monde que l'on peut survivre à la mise en orbite de même qu'à l'apesanteur. Une dizaine de *Spoutniks* sont ensuite envoyés dans l'espace, dont certains avec des animaux qui reviennent vivants, démontrant que le vol habité et le retour sont possibles.

Les Soviétiques se lancent également à l'assaut de la Lune dès 1959, avec les sondes *Luna*. Même si *Luna 2* s'écrase sur le satellite naturel le 13 septembre 1959, la prouesse est considérable : un objet fabriqué par l'homme a pu atteindre les confins de l'univers. Le 4 octobre 1959, *Luna 3* photographie pour la première fois la face cachée du satellite, une véritable aubaine pour tous les astronomes. En parallèle, de 1961 à 1963, les Russes lancent le programme *Venera*, destiné à atteindre et à explorer une autre planète du système solaire, Vénus.

Toutefois, un nouveau défi se profile à l'horizon. C'est désormais à l'homme d'aller dans l'espace. Une fois de plus, les Soviétiques sont les premiers à réaliser l'exploit en lançant le programme *Vostok*. Le 12 avril 1961, le lieutenant Iouri Gagarine (1934-1968) devient le premier homme à aller dans l'espace en effectuant un voyage de 108 minutes en orbite autour de la Terre à bord de *Vostok 1*. Deux ans plus tard, le 16 juin 1963, l'URSS envoie dans l'espace la première femme cosmonaute, Valentina Terechkova (née en 1937). Enfin le 18 mars 1965, le lieutenant-colonel Alekseï Leonov (né en 1934) réalise la première sortie spatiale de l'humanité en restant hors de son vaisseau pendant 10 minutes.

LE RETARD AMÉRICAIN ET LE PARI DE KENNEDY

Pour les États-Unis, la réussite de *Spoutnik* est source de désarroi. Non seulement leur crédibilité scientifique est mise en jeu, mais, en outre, l'URSS semble désormais en mesure d'atteindre le sol américain grâce à des lanceurs de plus en plus puissants. Le gouvernement n'a d'autre choix que de réagir au plus vite. Pourtant, il faut attendre le 31 janvier 1958 pour que, après une série d'échecs, le premier satellite américain, *Explorer 1*, d'un poids d'à peine 8,5 kilos, atteigne avec succès l'espace, suivi par *Vanguard 1*, surnommé le « pamplemousse » par les Soviétiques à cause de son poids dérisoire d'un kilo et demi.

Conscients de leur retard, les États-Unis créent le 29 juillet 1958 la NASA (*National Aeronautics and Space Administration*), qui vient remplacer la NACA (*National Advisory Comittee on Aero nautics*). L'agence est chargée de coordonner l'ensemble des activités et des projets relatifs à l'espace. Le retard des Américains reste néanmoins important. Imitant l'URSS, ils envoient à leur tour des animaux dans l'espace (des chimpanzés), mais ratent le cap du premier homme dans l'espace. En effet, le premier vol autour de la Terre effectué par les États-Unis n'a lieu que le 20 février 1962 avec à son bord le lieutenant-colonel John Glenn (né en 1921).

La NACA

Fondé le 3 mars 1915, ce comité est chargé de la recherche en aviation et en aéronautique. Mais avec l'importance que revêt désormais la conquête spatiale, l'agence ne suffit plus. Par conséquent, elle est remplacée en 1958 par la NASA, qui prend également en charge un programme spatial.

Face à cette humiliation constante, le président américain John Fitzgerald Kennedy (1917-1963) fait un geste politique des plus audacieux. Dans un discours prononcé devant le congrès le 25 mai 1961, il s'exprime en disant : « We choose to go to the Moon » (« Nous choisissons d'aller sur la Lune », Chaikin (Andrew), *A Man on the Moon. A Giant Leap*, Alexandria, Time-Life, 1999, p. 17). Il lance ainsi au monde un véritable défi en affirmant que d'ici la fin des années soixante, un homme aura mis le pied sur la Lune, et que cet homme sera américain. La NASA voit alors les moyens mis à sa disposition croître de manière astronomique : pas moins de 25 milliards de dollars seront investis dans cette aventure spatiale qui portera l'homme jusqu'à la Lune. Avec les programmes *Gemini* et *Apollo*, les États-Unis rattrapent progressivement leur retard.

LA MISSION *APOLLO 11*

H MOINS 10 SECONDES

Cela fait pratiquement dix ans que la NASA se prépare à envoyer des hommes sur la Lune. En juillet 1969, il est temps de concrétiser le projet. La mission qui doit voir alunir des hommes porte le nom *d'Apollo 11*, et, suite à la rotation des équipages d'astronautes de la NASA, le commandement du vaisseau revient à Neil Armstrong. Il est accompagné par deux coéquipiers, Edwin Aldrin, dit Buzz Aldrin (né en 1930), et Michael Collins (né en 1930). Pendant des années, tous subissent une batterie de tests et un entraînement très lourd afin de les soumettre à la pression des décollages ou encore à l'apesanteur. Ils connaissent par cœur leur plan de vol et leur mission. Il ne manque plus que l'assemblage de la fusée pour partir.

Développé par l'ingénieur Wernher von Braun (1912-1977), *Saturne V* est à l'époque la plus grande fusée jamais construite. Ce lanceur géant est composé de trois étages qui totalisent

110 mètres de haut et pèse à pleine charge près de 3 000 tonnes, dont 2 700 correspondent au carburant (kérosène, oxygène liquide et hydrogène liquide). La structure de la fusée est en quelque sorte semblable à un thermos géant devant supporter à la fois des températures extrêmement froides causées par l'hydrogène et l'oxygène liquide et les 2 750 °C engendrés par le décollage. Elle dispose en outre pour le premier étage de cinq gigantesques moteurs F-1, dont la puissance reste encore inégalée, consommant près de 2 000 tonnes de carburant en l'espace de 2 minutes et 30 secondes. Le deuxième étage dispose également de cinq moteurs J-2 qui, s'ils sont plus petits, peuvent cependant être éteints ou rallumés selon les besoins contrairement aux moteurs F-1.

Le troisième étage de la fusée, disposant également d'un moteur J-2, est le plus important. C'est lui qui contient le module de commande et de service de même que le module lunaire. Le premier, baptisé *Columbia* pour la mission *Apollo 11*, est le vaisseau spatial dans lequel se trouvent les trois astronautes durant leur voyage. Au moment de rentrer sur Terre, seul le module de commande subsistera avec son important bouclier thermique. Le module lunaire appelé *Eagle* (« Aigle ») est quant à lui amarré au module de commande durant le voyage. Avec deux astronautes à son bord, il se détache ensuite pour alunir. Une fois la mission terminée, il décolle et rejoint à nouveau le module de commande.

Le 16 juillet 1969, tout est enfin prêt. Néanmoins, la mission reste extrêmement dangereuse au vu du nombre de manœuvres délicates à effectuer. Les trois astronautes *d'Apollo 11* savent pertinemment qu'ils n'ont qu'une chance sur deux de revenir vivants sur Terre. Pourtant, rien ne pourrait les détourner de leur objectif. Une fois embarqué dans la fusée, Neil Armstrong n'a plus qu'à attendre. Le compte à rebours commence. H moins 10 secondes, 10, 9, 8…

OBJECTIF LUNE

À 9 h 32 le 16 juillet 1969, les cinq moteurs de la fusée se mettent en marche dans un vacarme assourdissant au point de faire trembler le sol. Plus d'un million de personnes ont fait le déplacement pour assister au décollage. Le spectacle est à couper le souffle. Des jets de flammes incandescents s'échappent des puissants moteurs. Libérée de la rampe de lancement, la fusée commence sa fulgurante ascension vers l'espace. À l'intérieur de la cabine, les astronautes n'ont pas l'occasion de voir ce qu'il se passe. Ils n'en sont pas moins malmenés, l'accélération de la fusée engendrant une force équivalente à quatre fois et demie la force de gravité terrestre.

Les premières secondes sont cruciales non seulement pour les hommes au sol, mais également pour Neil Armstrong et ses coéquipiers. En effet, rien ne peut arrêter la fusée, dont la vitesse ne cesse d'augmenter jusqu'à atteindre 4 300 km/h. Une seule défaillance peut provoquer une explosion fatale. À 68 kilomètres du sol, c'est-à-dire trois minutes après le décollage, le premier étage de la fusée se détache. Les cinq moteurs J-2 prennent le relais, tandis que le premier étage retombe dans l'Atlantique. Six minutes plus tard, c'est au tour du deuxième étage de se détacher et de subir le même sort. La poussée pour la mise en orbite est alors colossale. Sur Terre, la fusée n'est plus qu'un petit point dans le ciel. Après 11 minutes de vol, tout s'est passé comme prévu, et la fusée entre en orbite.

Pour Neil Armstrong et ses compagnons, la vue est grandiose : depuis leurs hublots, ils peuvent contempler la Terre, ses continents et ses océans. Avant d'atteindre la Lune, la fusée doit se placer en orbite à plus de 200 kilomètres du sol afin d'être dans la position idéale pour se détacher de l'attraction terrestre. Il faut de même attendre un bon positionnement de la Lune pour pouvoir l'atteindre quelques jours plus tard. Deux heures et trente minutes après le décollage, et une révolution et demie autour de la Terre, l'injection translunaire peut avoir lieu. Les moteurs sont rallumés dans une grande mise à feu pour atteindre la vitesse vertigineuse de 39 000 km/h. La poussée est si importante que le vaisseau n'a plus besoin d'utiliser du carburant jusqu'à la Lune. La fusée sort ainsi de l'attraction terrestre. Elle a désormais parfaitement rempli son rôle et peut dès lors laisser la place au vaisseau *Columbia*.

L'opération est critique. Le vaisseau *Columbia* doit en effet s'extraire du troisième étage de *Saturne V*. Ensuite, il doit récupérer le module lunaire toujours arrimé à la fusée. Pour ce faire, Michael Collins effectue un virage à 180°. Il peut alors procéder délicatement à l'arrimage du module lunaire avec *Columbia*. Les deux modules sont ainsi extraits de la fusée qui finira en orbite autour du Soleil. Pour *Apollo 11*, la mission continue. Neil Armstrong et ses coéquipiers sont désormais en route pour la Lune. Le trajet de 385 000 kilomètres dure environ 72 heures, et se passe sans anomalie. La vitesse décroît tout au long du voyage. Au bout de ce laps de temps, le vaisseau doit se placer en orbite lunaire. *Apollo 11* a atteint la Lune.

« UN PETIT PAS POUR UN HOMME, UN BOND DE GÉANT POUR L'HUMANITÉ »

Le 19 juillet 1969 après plus de 75 heures de voyage, *Apollo 11* entame sa mise en orbite autour de la Lune. Pour y parvenir, le vaisseau doit faire le tour de notre satellite naturel en contournant sa face cachée, ce qui provoque une coupure des communications avec la Terre. Neil Armstrong et ses coéquipiers sont donc seuls pour effectuer cette manœuvre cruciale. Les astronautes doivent réenclencher les moteurs du vaisseau afin de ralentir et de forcer la mise en orbite lunaire. S'ils n'y parviennent pas, leur vaisseau sera renvoyé vers la Terre. Heureusement pour l'équipage, tout se passe bien et la mise en orbite est un véritable succès. La Lune, qui n'est plus qu'à une centaine de kilomètres, s'offre aux astronautes qui la contemplent en direct pour la première fois.

Pour Neil Armstrong et Buzz Aldrin, qui ont été choisis pour descendre sur la Lune, l'excitation ne cesse de monter. Ils doivent toutefois attendre treize révolutions lunaires avant d'entamer leur descente. Le temps d'attente est mis à profit pour effectuer des repères topographiques et tenter de localiser le site d'alunissage. Après 96 heures de voyage, le 20 juillet, Neil Armstrong et Buzz Aldrin entrent dans le module lunaire *Eagle*, laissant Michael Collins seul dans le module de commande. Ils effectuent de même un dernier check-up de tous les systèmes. Cela fait maintenant douze fois qu'ils tournent autour de la Lune. Il est maintenant temps d'entamer la phase finale de la mission. Dans le module de commande, Michael Collins, qui continuera à tourner autour de la Lune, lance la manœuvre d'éloignement en relâchant l'*Eagle*. La séparation se fait sans aucun problème et, au bout de la treizième révolution, *Neil Armstrong* amorce sa descente vers le sol lunaire.

Lentement mais sûrement, *l'Eagle* se rapproche du sol. Mais, à quelques minutes de l'alunissage, une alarme se déclenche. À bord, Neil Armstrong garde son sang-froid et apprend de la NASA que l'ordinateur du module est surchargé. Si la mission n'est pas interrompue, l'alarme empêche toutefois l'astronaute d'ajuster une dernière fois sa position afin d'alunir dans la zone convenue. L'*Eagle* voit ses réserves de carburant diminuer, alors qu'il n'y a plus que des cratères à l'horizon, empêchant toute tentative de se poser. Cependant, la descente se poursuit. Enfin, alors qu'il ne reste que 30 secondes avant que s'épuisent les réserves de carburant, Neil Armstrong repère une zone convenable. Le 20 juillet à 20 h 27, le module lunaire se pose sur la Lune, à sept kilomètres de la zone prévue initialement, dans ce que Neil Armstrong appelle « la base de la tranquillité ». Sur Terre, c'est le soulagement. L'homme vient de se poser sur la Lune.

Pour les astronautes, l'excitation est à son comble. Ils vérifient tous les systèmes et attendent l'autorisation de sortie. Une fois les derniers réglages effectués, ils entrent dans leur combinaison spatiale et ouvrent la porte du module. Neil Armstrong sort le premier. Pendant ce temps, sur Terre, les télévisions du monde entier retransmettent l'événement en direct. Le 21 juillet 1969, à 2 h 56, Neil Armstrong pose son pied sur le sol lunaire, devenant le premier homme à marcher sur la Lune. Il prononce alors une phrase qui restera gravée dans les mémoires : « C'est un petit pas pour un homme, un pas de géant pour l'humanité. » (ARMSTRONG (Neil), *Premiers sur la Lune*, Paris, Laffont, 1970, p. 321).

LE SAVIEZ-VOUS ?

Alors que le monde entier a les yeux rivés sur sa télé afin d'observer les premiers pas de l'homme sur la Lune, la chaîne *BBC*, qui transmet en direct l'événement, choisit de diffuser en fond la chanson d'un homme encore inconnu à l'époque, David Bowie. *Space Oddity*, choisi pour l'occasion, relate l'histoire d'un astronaute qui, à la suite d'une sortie dans l'espace, rencontre un problème qui l'empêche de retourner sur Terre.

BALADE AU CLAIR DE TERRE

Une fois sur le sol lunaire, Neil Armstrong entame les observations scientifiques demandées par la NASA. Il commence par décrire le sol, qui est poudreux comme du charbon calciné avant de devenir extrêmement dur à environ 15 centimètres de profondeur. Il prend ensuite quelques photos et commence à prélever des échantillons de roche. Grâce à la faible gravité de la Lune (1/6 de celle de la Terre), ses mouvements sont grandement facilités : marcher n'a jamais été aussi aisé.

Quinze minutes après la sortie de Neil Armstrong, Buzz Aldrin descend à son tour l'échelle du module. Émerveillé par l'étendue désertique surplombée à l'horizon par un émouvant clair de Terre, il s'exclame : « Splendide désolation » (ARMSTRONG (Neil), *Premiers sur la Lune*, Paris, Laffont, 1970, p. 327). Les deux astronautes posent ensuite une petite plaque commémorative sur laquelle sont représentés les deux hémisphères de la Terre, la signature des trois astronautes ainsi que celle du président Nixon (1913-1994), et le texte suivant : « Ici des hommes de la planète Terre ont pour la première fois mis pied sur la Lune. Juillet 1969 apr. J.-C. Nous sommes venus pacifiquement au nom de toute l'humanité. » (*ibid.*, p. 133). Toutefois, les grands discours doivent maintenant laisser place à la mission scientifique. Tour à tour, les instruments sont déployés, à commencer par le capteur de particules du vent solaire ou encore le sismographe. Les astronautes continuent également de collecter des échantillons rocheux, de filmer et de prendre un maximum de photographies.

Entre-temps, Neil Armstrong plante le drapeau américain dans le sol lunaire. En l'absence de vent suite au manque d'atmosphère, le drapeau est muni de baguettes rigides, ce qui permet de le tenir déployé. Par ce geste, les Américains entérinent leur victoire sur les Soviétiques dans la course à la Lune. Quelques minutes après, la NASA interrompt le travail des astronautes pour un important coup de téléphone. Il s'agit de Nixon qui, depuis la Maison-Blanche, félicite et remercie les astronautes pour leur incroyable réussite. L'univers fait maintenant partie du monde des hommes.

Après une exploration de 2 h 31, Neil Armstrong et Buzz Aldrin ont épuisé leur réserve d'oxygène. Il est temps de rentrer dans le module lunaire.

HOUSTON, NOUS RENTRONS

Les astronautes ont parfaitement rempli leur mission. Il est à présent temps de rentrer sur Terre. Pour ce faire, le module lunaire doit s'extirper du sol grâce à un puissant moteur. Il doit ensuite retrouver *Columbia* et s'arrimer pour permettre à Neil Armstrong et à Buzz Aldrin de retourner dans le vaisseau. De nouveau, la manœuvre est extrêmement délicate et deux événements la compliquent davantage :

- le vaisseau *Columbia* ignore où se trouve le module lunaire, étant donné que ce dernier n'a pas aluni à l'endroit convenu ;
- les astronautes se sont aperçu qu'ils avaient cassé l'interrupteur d'alimentation du moteur du module lunaire.

Heureusement, tout rentre dans l'ordre. La NASA finit par localiser approximativement le module lunaire. Quant à l'interrupteur, Buzz Aldrin arrive à l'enclencher avec la pointe d'un stylo.

Le décollage est fixé à la 124e heure de mission, soit 21 heures et 36 minutes après l'alunissage. À l'heure convenue, Neil Armstrong enclenche le moteur du module. L'*Eagle* a repris son envol.

Le vaisseau *Columbia* est au rendez-vous, et l'arrimage se fait sans encombre. Les trois astronautes sont à nouveau réunis. Il ne leur reste plus qu'à rentrer. Le 24 juillet 1969, Neil Armstrong et ses coéquipiers se retrouvent face à la Terre. Ils larguent le module de service 15 minutes avant leur entrée dans l'atmosphère. Ce qui reste de *Columbia* se transforme alors en une véritable boule de feu. Heureusement, le bouclier thermique tient le coup et les parachutes s'ouvrent. À 16 h 51, après 195 heures et 19 minutes de mission, *Apollo 11* amerrit dans le Pacifique. Les astronautes sont ensuite récupérés par le porte-avions *USS Hornet*. Par mesure de sécurité, ils sont mis en quarantaine pendant 21 jours afin d'éviter toute contagion, puisqu'on ignore encore si la Lune est stérile.

La mission est donc un véritable succès : Neil Armstrong et ses compagnons ont changé le monde à tout jamais.

RÉPERCUSSIONS

LES RETOMBÉES TECHNOLOGIQUES

Le discours de John Fitzgerald Kennedy, en 1961, lance l'Amérique dans un incroyable défi industriel et technique dont les retombées économiques et technologiques sont colossales. Ce n'est pas moins de 25 milliards de dollars qui sont investis dans la course à la Lune, entraînant la collaboration de 20 000 entreprises et de 350 000 techniciens. La conquête spatiale est donc un important moteur de l'économie américaine.

En outre, la mission *Apollo 11* et, a fortiori, l'ensemble des programmes spatiaux ont indéniablement contribué à la révolution technologique de la seconde moitié du XXe siècle. Pendant la décennie qu'a occupé la course à la Lune, les ingénieurs en aéronautique ont développé des matériaux totalement novateurs tels que le titane, le Kevlar, les matériaux synthétiques ou encore le revêtement anti-feu qui ont permis de construire les fusées et les vaisseaux spatiaux. Ils ont également mis au point de nouvelles techniques de lyophilisation des aliments utilisées par la suite dans l'industrie agroalimentaire. Parallèlement, de nouvelles technologies voient le jour tel que les piles à combustible, les piles photovoltaïques, les panneaux solaires, l'ancêtre du GPS ou encore le téléphone cellulaire. Il en va de même de l'ordinateur, dont les premiers langages de programmation et les premiers exemplaires sont utilisés pour venir à bout des calculs complexes que nécessitent les missions *Apollo*. Même les couches-culottes si communes de nos jours sont les produits de la conquête spatiale, puisque les astronautes n'avaient pas d'autre moyen pour faire leurs besoins dans l'espace. Toutes ces avancées et bien d'autres encore se sont ensuite répandues dans notre société et dans nos magasins de consommation.

De même, le domaine des télécommunications est à jamais transformé par la conquête spatiale. Le lancement de *Spoutnik*, en octobre 1957, n'est en effet que le prélude au lancement de centaines de satellites dont les débouchés sont gigantesques. En 1962, le satellite américain *Telstar 1* inaugure l'ère des télécommunications relayées depuis l'espace. Aujourd'hui, nous sommes tous reliés les uns aux autres que ce soit par GSM, GPS ou par Internet, et ce grâce aux satellites qui nous entourent. Le raisonnement est identique dans le domaine scientifique. La météorologie, la climatologie ou toutes autres recherches environnementales sont désormais tributaires de la technologie spatiale. En quelques années, le monde se transforme au point de devenir dépendant des avancées spatiales.

L'EXPLORATION SPATIALE

Outre les formidables avancées techniques, la conquête spatiale et la course à la Lune ouvrent également l'ère de l'exploration de l'univers, en vue de mieux comprendre l'espace, mais aussi notre propre planète. Ainsi, les engins spatiaux ont apporté quantité d'informations sur notre atmosphère et sur le champ magnétique terrestre. Ils ont de même décelé l'existence des vents solaires et de leur impact sur la Terre et la magnétosphère.

La Lune a bien évidemment fait l'objet de recherches poussées, qui ont permis d'augmenter les connaissances sur ce satellite naturel.

Les dizaines de sondes tant américaines que soviétiques ont ainsi rapporté des milliers de photographies des deux faces de la Lune. Les missions *Apollo*, qui se poursuivent jusqu'en 1972, envoient à six reprises des hommes sur la Lune afin d'y recueillir de nouvelles données. Au fil de leurs missions, les astronautes sur place laissent plusieurs instruments scientifiques, tels que des magnétomètres, des détecteurs de particules ou encore des sismomètres permettant d'acquérir une meilleure connaissance de l'environnement lunaire. Pas moins de 400 kilos d'échantillons du sol sont également ramenés sur Terre. Grâce à ces études, les scientifiques ont pu déterminer la composition chimique de la Lune de même que ses origines, dont l'hypothèse la plus répandue serait une collision cataclysmique entre la Terre et une autre protoplanète (planète en cours de formation) il y a quelque 4,526 milliards d'années.

Enfin, l'étude de la Lune devient vite un tremplin pour l'exploration d'autres planètes, voire de l'univers entier. Dès les années soixante et dans les décennies à venir, des dizaines de sondes sont envoyées aux quatre coins de notre système solaire afin d'explorer les planètes en commençant par les plus proches – Vénus et Mars – pour ensuite observer les plus lointaines comme Jupiter, Saturne ou encore Uranus. Les télescopes spatiaux sont quant à eux braqués vers l'univers lointain, observant les milliards d'étoiles et de galaxies avec une précision inégalée sur Terre.

En posant le pied sur la Lune, Neil Armstrong et ses successeurs nous ont donc ouvert les portes de l'exploration spatiale, repoussant les limites de notre connaissance du monde, qui n'a pas cessé de s'étendre depuis.

EN RÉSUMÉ

1930

5 août : Naissance de Neil Armstrong

1957

L'URSS envoie son premier satellite dans l'espace

1959

Programme russe *Luna*

1961

Iouri Gagarine devient le premier homme à aller dans l'espace

25 mai : Discours de Kennedy

1962

Armstrong rejoint la NASA

1969

16 juil. : Décollage d'*Apollo 11*

***21 juil.* : Premiers pas de l'homme sur la Lune**

24 juil. : Retour d'*Apollo 11* sur la Terre

2012

25 août : Décès de Neil Armstrong

- Neil Armstrong naît le 5 août 1930 dans l'Ohio. Passionné par l'aviation, il fait des études d'ingénierie aéronautique à l'université Purdue. Il est enrôlé dans la guerre de Corée, puis revient aux États-Unis afin de devenir pilote d'essai.
- En 1962, Neil Armstrong décide de rejoindre le programme spatial de la NASA. Accepté par cette dernière, il participe à la mission *Gemini 8* en 1965. Il est ensuite choisi pour commander la mission *Apollo 11* visant à envoyer des hommes sur la Lune.
- Le 16 juillet 1969, l'astronaute, accompagné de Buzz Aldrin et de Michael Collins, prend le départ à bord de la fusée *Saturne V*. Le décollage est éprouvant pour les astronautes, qui, en quelques minutes, se retrouvent en orbite autour de la Terre.
- Après avoir effectué une révolution et demie autour de notre planète et atteint une position idéale, les moteurs sont rallumés pour réaliser l'injection translunaire. Neil Armstrong et ses coéquipiers sont ensuite projetés vers la Lune. Ils se débarrassent de ce qu'il reste de la fusée en extrayant le module de commande et en récupérant le module lunaire.

- Après un trajet de 385 000 kilomètres d'une durée d'environ 72 heures, les astronautes atteignent la Lune. Ils se placent alors en orbite autour de celle-ci afin d'éviter d'être renvoyés vers la Terre.
- Le 20 juillet, Neil Armstrong et Buzz Aldrin entrent dans le vaisseau lunaire. Ce dernier est détaché du module de commande et entame sa descente vers le sol lunaire. L'alunissage initial est néanmoins perturbé par le déclenchement d'une alarme. Distrait, Neil Armstrong rate la zone convenue et doit trouver un nouveau site.
- Alors qu'il ne lui reste que 30 secondes de carburant, le module finit par alunir. Après vérification des systèmes, Neil Armstrong sort du vaisseau. Le 21 juillet 1969 à 2 h 56, il pose le pied sur le sol, devenant le premier homme à marcher sur la Lune.
- Suivi par Buzz Aldrin, Neil Armstrong entame la partie scientifique de la mission. Il prend des photographies, récolte des échantillons et installe les instruments scientifiques. Les astronautes en profitent également pour poser une plaque commémorative, planter le drapeau américain et parler avec le président Nixon, qui les félicite pour leur exploit.

- Après 2 h 31 d'exploration, les astronautes regagnent le module. Quelques heures plus tard, ils décollent de la Lune et retrouvent le vaisseau principal. Il est maintenant temps de retourner sur Terre.
- Après cet exploit, Neil Armstrong décide de ne plus retourner dans l'espace. Il devient professeur à l'université de Cincinnati et participe à des commissions d'enquête pour la NASA.
- Il meurt le 25 août 2012 à Cincinnati.

Votre avis nous intéresse !
Laissez un commentaire sur le site de votre librairie en ligne et partagez vos coups de cœur sur les réseaux sociaux !

POUR ALLER PLUS LOIN

SOURCES BIBLIOGRAPHIQUES

- ARMSTRONG (Neil), *Premiers sur la Lune*, Paris, Laffont, 1970.
- CHAIKIN (Andrew), *A Man on the Moon, the Voyages of the Apollo Astronauts*, New York, Viking, 1994.
- CHAIKIN (Andrew), *A Man on the Moon. A Giant Leap*, Alexandria, Time-Life, 1999.
- HARLAND (David M.), *The First Men on the Moon, the Story of Apollo 11*, New York, Praxis, 2007.
- « La guerre froide et la coexistence pacifique » in *Histoire universelle : Les guerres mondiales*, t. 19, Paris, Hachette, 2007.
- « La politique des blocs » in *Histoire universelle. Les guerres mondiales*, t. 19, Paris, Hachette, 2007.
- REYNAUD (Marie-Hélène), FACON (Patrick) et de La Cotardière (Philippe), *La conquête de l'espace*, Paris, Larousse, 1983.
- ROOSENS (Claude), *Les relations internationales de 1815 à nos jours : après 1939*, t. 2, Louvain-la-Neuve, Academia-Bruylant, 2001.

SOURCES COMPLÉMENTAIRES

- Grimberg (Carl), *Histoire universelle. De la faillite de la paix à la conquête de l'espace*, Verviers, Gérard, 1965.
- Mailer (Norman), *Moonfire. La prodigieuse aventure d'Apollo 11*, Paris, Taschen, 2010.
- Shepard (Alan), *Moon Shot : the Inside Story of America's Race to the Moon*, Atlanta, Turner, 1994.
- Sparrow (Giles), *La conquête de l'espace*, Paris, Flammarion, 2008.
- Woods (David W.), *How Apollo Flew to the Moon*, New York, Praxis, 2008.

FILM ET DOCUMENTAIRES

- *À la conquête de l'espace*, documentaire en quatre parties de Chris Spencer et Mark Everest, Royaume-Uni, Russie et Allemagne, 2005.
- *Dans l'ombre de la Lune*, documentaire de David Sington, États-Unis, 2007.
- *Mission Apollo 11 : Les Premiers Pas sur la Lune*, film-documentaire réalisé par Richard Dale, avec James Marsters, Andrew Lincoln et Daniel Lapaine, États-Unis, 2008.
- *Apollo 11 : L'Aventure en direct*, documentaire produit par La Sept vidéo, France, 2009.

MUSÉE ET MONUMENTS COMMÉMORATIFS

- Centre spatial Kennedy en Floride (États-Unis).
- L'étoile commémorative sur la Promenade des célébrités (*Walk of Fame*) à Hollywood, en Californie (États-Unis).
- Johnson Space center (NASA) à Houston, au Texas (États-Unis).
- Neil Armstrong Air and Space Museum, à Wapakoneta, dans l'Ohio (États-Unis).
- US Space & Rocket Center à Huntsville, en Alabama (États-Unis).

www.50minutes.fr

ISBN ebook : 978-2-8062-5453-5
ISBN papier : 978-2-8062-5632-4
Dépôt légal : D/2015/12603/131
Photo de couverture : *La lune en teinte américaine*,
© Primento

Conception numérique : Primento,
le partenaire numérique des éditeurs